LE
FEU GRÉGEOIS
PARIS SAUVÉ

CONFÉRENCE ET RAPPORT

SUR LA

Découverte de MM. DECANIS et BEAUME

PAR LE

COMMANDANT DE BRUNET, PROMOTEUR

auprès du Gouvernement des Légions d'Artilleurs volontaires fuséens

POUR L'EMPLOI DU

FEU GRÉGEOIS

PRIX, **25** CENTIMES

Se vend au Bureau du FEU GRÉGEOIS, rue Vivienne, 2

POUR L'ARMÉE ET LA GARDE NATIONALE, UN CENT: 20 FR.

S'adresser à M. Eugène CHATELAIN, Éditeur, 13, rue du Croissant.

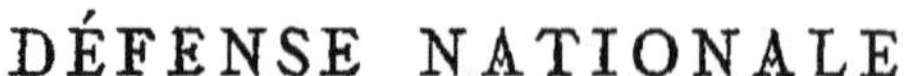

DÉFENSE NATIONALE

PARIS SAUVÉ

PAR LE

FEU GRÉGEOIS

I

Trois mois et demi se sont écoulés déjà depuis que Paris, enfermé dans le cercle de fer et de feu qui l'étreint, n'a pu parvenir à le rompre. En vain de braves généraux, un grand nombre de vaillants officiers et des milliers d'héroïques soldats ont-ils payé de leur sang et de leur vie les diverses tentatives qui ont été faites ; tous les efforts ont été stériles. Un ciel inclément est venu ajouter ses plus excessives rigueurs aux insuccès qui se multiplient, et nos regards anxieux se tournent sans cesse vers les armées de la province, toujours attendues et qui jamais n'arrivent.

Devons-nous rejeter la responsabilité de cette situation sur le gouvernement de la défense nationale, ainsi que certains esprits, trop prompts dans leurs jugements et leurs appréciations, paraissent disposés à le faire ? Ce serait à nos yeux une grave injustice, et nous ne la commettrons pas.

Nous connaissons trop les difficultés sans nombre qui sont à vaincre, les obstacles immenses qu'il y a à surmonter, et le poids de la lourde tâche que les hommes qui nous gouvernent ont résolûment acceptée. Loin donc de les accuser, nous commencerons, au contraire, par rendre un sincère et public hommage à leur dévouement patriotique, à leur zèle, à leurs efforts, à leur incessante activité, comme aux talents et à l'énergie constante qu'ils ont déployés.

S'ils n'ont pu réussir, en effet, jusqu'à ce jour, à débloquer Paris, du moins l'ont-ils mis dans un tel état de défense; que l'ennemi, forcé de renoncer à s'en emparer de vive force, a dû se résigner longtemps à attendre qu'il pût s'en emparer par la famine; ce qui a donné à la France le délai de se soulever, à nos armées celui de s'organiser et de préparer ainsi la victoire.

Et ne pourrions-nous pas encore faire ici le procès d'un certain nombre de ceux qui crient bien haut : *La trouée!* et qui cherchent tous les expédients possibles pour rester cachés dans leur *trou?* Exceptions, sans doute, qui font tache sur l'ensemble du peuple parisien, mais qui n'en sont pas moins un très-grand embarras contre lequel il y a lieu de se tenir en garde.

Ces hommes prudents ou lâches, ne les avons-nous pas vus et entendus demander au gouvernement de marcher sus aux Prussiens, armés seulement de fourches, de faux, de barres de fer? mais, quand on leur a donné des fusils à percussion, ce qui valait mieux, ils ont exigé des chassepots, et après les chassepots, n'ont-ils pas voulu des canons, comme ils demanderaient ensuite des mitrailleuses, c'est-à-dire se réfugiant toujours derrière un prétexte pour ne point affronter l'ennemi.

Mais si nous aimons à reconnaître tout ce que le Gouvernement a fait de bien pour le salut du pays, ne nous est-il pas permis aussi de rechercher et d'examiner s'il a fait tout ce qu'il pouvait et tout ce qu'il devait; s'il a surtout pris toutes les mesures, employé tous les moyens à sa disposition pour épargner le sang et la vie de nos soldats? Sang et vie dont on doit se montrer d'autant plus avare, que 300,000 enfants de la France subissent, en ce moment, les dures épreuves de la captivité, qu'ils gémissent, dénués de tout, martyrs de la plus noire trahison que l'histoire ait jamais enregistrée, victimes des perfides calculs d'un homme qui, sentant bien, malgré de récents votes populaires, que son trône était à la veille de s'écrouler sous le mépris et la réprobation publique, a voulu se venger en livrant la France à la Prusse; de ce misérable, enfin, dont le nom désormais ne saurait plus être prononcé qu'avec le sentimen de l'exécration, en songeant à tous les maux dont il est l'auteur.

L'examen auquel nous nous proposons de nous livrer n'a, du reste, rien d'agressif contre les hommes honorables qui sont au pouvoir. Il s'exercera avec tous les égards, le respect et la déférence qui sont dus à ceux que nous y avons élevés, que nous y avons maintenus et que nous voulons énergiquement y soutenir, tant que leurs sentiments et leurs actes se trouveront en harmonie avec l'opinion publique qui a fait jusqu'ici leur force et leur appui.

Ce n'est nullement par esprit d'opposition et encore moins d'hostilité que nous avons pris la plume, et afin que nul ne se méprenne sur nos intentions, nous n'hésitons pas à déclarer bien haut d'abord que le gouvernement actuel a toutes nos sympathies.

Notre but, en publiant cet opuscule, est, évidemment, et en premier lieu, d'appeler l'attention publique sur un point important de notre défense nationale, sur le plus important peut-être qu'il y ait aujourd'hui, sur le seul, à notre avis, auquel nous puissions devoir notre salut, sans continuer à abreuver le sol de la patrie du sang de nos soldats et de celui même de nos ennemis.

Mais, nous voulons aussi appeler l'attention du pouvoir sur ce travail immense d'énergique volonté qui s'opère dans la population parisienne, pour se délivrer elle-même, si ses gouvernants résistent à l'emploi des moyens qui peuvent la sauver. Nous voulons les prier de ne point oublier comment tombent les autorités qui méconnaissent les manifestations de l'esprit public, de consulter ou faire consulter cet esprit au milieu des privations, des souffrances et des misères que chacun endure, et de prendre plutôt l'initiative des mesures que tous réclament, de diriger, en un mot, le torrent, plutôt que de lui poser des entraves et des obstacles qu'il parviendra toujours à briser et qu'il sera fort difficile ensuite, pour ne pas dire impossible, de maîtriser et d'arrêter.

II

A peine les membres du Gouvernement de la défense nationale eurent-ils reçu et accepté le pouvoir, qu'aux applaudissements de la France entière, ils firent un appel public à la science, afin qu'elle vînt, par le concours de ses découvertes, suppléer aux bras qui nous faisaient défaut. Sans doute, un tel appel était sérieux, et la position de la France trop critique pour que l'on songeât à se montrer bien scrupuleux sur le choix des moyens qui pouvaient la sauver. Les idées du Gouvernement étaient donc alors fixes et arrêtées. Il ne voulait certainement pas reculer, lorsqu'il annonçait ne vouloir céder ni un pouce de notre territoire ni une pierre de nos forteresses.

Eh bien! qu'a produit cet appel fait à la science? Nous l'ignorons; mais nous avons une trop haute idée des ressources scientifiques de notre pays pour croire qu'elles se soient bornées à indiquer les quelques modifications ou améliorations de canons qui ont eu lieu. Notre conviction, au contraire, est que de nombreux et nouveaux engins de guerre ont été proposés, mais que les commissions (et qui n'en connaît pas l'esprit?) ne les ayant pas jugés remplir les conditions qu'elles demandaient, ou les rejetant par diverses considérations que nous ne voulons pas ici apprécier, ces engins sont restés à l'état de lettre morte pour la défense du pays, et très-volontairement ensevelis dans le silence et l'oubli des cartons.

Il en est un cependant qui n'a pas subi et ne pouvait subir le même sort, grâce à la persévérance et à la ténacité de ses inventeurs; un, qui, malgré le crêpe funèbre dont on a bien cherché à l'envelopper, a su déchirer ce crêpe et sortir des ténèbres de la mort dans lesquelles on voulait l'ensevelir avec tous les autres, qui, fort des nombreuses épreuves qu'il a subies et des suffrages que nul n'a pu lui refuser, a traversé tous les obstacles qui lui ont été suscités; un dont l'opinion publique a fini par s'emparer, qu'elle adopte comme l'expression de sa volonté souveraine de salut et qui se charge désormais d'assurer son triomphe contre toutes les résistances qui peuvent lui être opposées.

Nous voulons parler du *feu grégeois,*

Ce *feu grégeois,* dont nous traiterons plus loin, a été inventé et apporté il y a trois mois et demi, à Paris, par MM. Décanis et Beaume, délégués de la défense nationale de Marseille, et qui sont venus généreusement répondre à l'appel du Gouvernement, dont ils ont attendu, jusqu'à ce jour, la réponse et la décision.

Des engins analogues et portant le même titre ayant été maintes fois annoncés et n'ayant pas satisfait à leurs promesses, nous avouons n'avoir mis aucun empressement à vérifier la supériorité de la découverte de MM. Décanis et Beaume. Cependant, de nouvelles invitations nous ayant été adressées, et la presse commençant à se préoccuper de cette découverte, nous avons voulu éclairer notre incrédulité, et nous nous sommes rendu aux expériences qui se sont faites à l'usine de M. Clairin, rue de Vaugirard.

Là, nous avons appris que des essais pour la projection des fusées grégeoises avaient eu lieu sur des espaces qui ne laissaient aucun doute sur la portée que les inventeurs leur attribuent; nous avons vu la superficie que couvre la pluie de feu d'une seule fusée ; nous avons constaté les merveilleux effets que ce feu peut produire, et nous avons été pleinement convaincu et converti.

Mais notre rôle ne devait pas, à ce qu'il paraît, se borner à celui de simple disciple, nous étions encore appelé à celui d'apôtre du *feu grégeois.*

Ayant, en effet, communiqué à M. Décanis le résultat de nos observations, et lui ayant fait part de notre sincère admiration pour sa merveilleuse découverte, il nous pria, dans un but patriotique, d'exprimer publiquement notre opinion et nos sympathies.

La tâche était pour nous beaucoup plus difficile et plus délicate, car jamais nous n'avions pris la parole dans des réunions publiques. Nous ne crûmes pas, cependant, devoir, dans les circonstances actuelles, décliner la prière qui nous était faite. Nous plaçâmes l'émotion naturelle que nous devions inévitablement éprouver sous l'égide du sentiment patriotique qui nous dirigeait. Nous clamâmes l'indulgence de nos auditeurs, et nous avons accompli la mission qui nous était confiée.

Cette indulgence que nous avions demandée se changea bientôt en chaleureuses manifestations et en enthousiastes applaudissements en faveur du *feu grégeois*. Sa cause fut gagnée, c'était pour nous tout le succès que nous ambitionnions.

Mais que sont des réunions de quelques milliers de personnes à côté de la population parisienne tout entière qu'il s'agit d'éclairer sur le moyen efficace de salut qu'elle possède? La presse seule peut y parvenir, et de là la brochure que nous publions aujourd'hui.

Pour elle nous réclamerons aussi l'indulgence des lecteurs et nous les prierons de s'attacher bien plus au fond qu'à la forme.

> ... Tire-moi du danger,
> Tu feras après ta harangue.

Tel est le principe que nous empruntons à La Fontaine, nous sentant bien plus disposé à aligner, sur leurs affûts, des fusées grégeoises contre l'ennemi, que des phrases bien correctes pour satisfaire aux exigences académiques.

Ce sera donc, non pas en nous chargeant du bagage technique et scientifique, ou bien en remontant jusqu'aux Grecs et aux Romains, que nous allons instruire le lecteur de la découverte de MM. Décanis et Beaume, mais bien dans un langage aussi simple que familier, afin d'être compris de tous, que nous allons faire connaître :

1° Ce qu'est le nouveau feu grégeois ;

2° Ce que sont ses effets ;

3° Quelle peut être son application à notre défense nationale.

Nous répondrons ensuite aux objections principales qui s'élèvent contre cet emploi, nous dirons ce que nous avons fait jusqu'à présent pour l'obtenir, et ce qu'il s'agit encore de faire.

III

La matière à laquelle MM. Décanis et Baume ont donné le titre de Feu Grégeois se compose de divers éléments dont le lecteur ne s'attend pas, sans doute, à ce que nous lui livrions le secret. Cela, d'ailleurs, nous serait impossible. Nous ne le connaissons pas et nous n'avons pas l'indiscrétion de le demander.

Tout ce que nous pouvons en dire, c'est que cette matière est liquide et de couleur lie de vin, qu'elle est visqueuse et adhérente comme la glu.

Répandue dans un bassin de métal, si on verse de l'eau dessus, elle s'enflamme aussitôt, brûle sans laisser aucun résidu, et fond le bassin de zinc ou de plomb qui la contient, ce qui prouve évidemment une très-grande intensité de chaleur.

Elle brûle et carbonise les bois les plus verts, consume la laine et les tissus de toute nature, se conserve incandescente sur l'eau et dans l'eau.

Mais ce n'est pas à ces dernières propriétés, qui peuvent, à juste titre, la faire assimiler à l'ancien *feu grégeois*, que nous avons à nous arrêter dans l'intérêt de la défense nationale. Il suffit de constater que l'emploi de cette matière peut avoir lieu par tous les temps, et que, loin de l'éteindre, l'eau sert, au contraire, à l'enflammer.

Le *feu grégeois* de MM. Décanis et Baume a, selon nous, une utilité bien plus grande.

Si, en effet, on enferme une certaine quantité du liquide dans un tube de métal où l'on introduit une dose déterminée de matière fulminante pour le faire éclater, et, dans un autre tube, placé au-dessous, une quantité également déterminée de matière d'artifice pour sa projection, on obtient ainsi une fusée qui, placée sur un chevalet auquel est adapté un arc de cercle, afin de régler sa direction, peut être lancée à une distance de 8,000 mètres, et qui, arrivée à son but, éclate pour se répandre en une pluie de feu qui couvre environ 20 mètres de superficie par litre de liquide.

Aux personnes qui douteraient de la portée des fusées grégeoises nous répondrons que M. Faye, membre de l'Institut, dont le système a été adopté pour le tir du canon, affirme que les fusées peuvent être dirigées, *sûrement*, jusqu'à une portée de plus de 8,000 mètres.

Il est facile de calculer ce qu'une compagnie d'hommes, armés de chevalets et de fusées, doit ainsi couvrir d'un feu dont la durée est d'environ un quart d'heure, et qui peut se renouveler, sur le même espace, autant de fois qu'on le juge nécessaire.

Supposons, en effet, un bataillon de 8 compagnies de 100 hommes sur deux rangs, et présentant, par conséquent, un front de 50 hommes chaque, en colonne à distance entière, et occupant ainsi un espace d'environ 8,000 mètres.

Chaque fusée chargée d'un litre de liquide couvrant de sa pluie de feu 20 mètres de superficie, il suffira de 400 fusées pour en couvrir le bataillon tout entier.

Or, une compagnie de 120 fuséens, munie de 40 chevalets, servis par autant de pointeurs et un nombre double de servants (1 pointeur et 2 servants par chevalet), produira donc, en huit décharges, le résultat dont nous venons de parler. Un tel résultat ne portera-t-il pas le désordre et l'épouvante dans les rangs ennemis, soit qu'il s'effectue sur ses bataillons, ses escadrons ou ses batteries? Et, au milieu de cette épouvante et de ce désordre, nos troupes ne remporteront-elles pas une plus facile victoire, sans craindre des pertes aussi cruelles et aussi douloureuses que celles auxquelles ont été dus jusqu'à ce jour nos plus modestes succès?

Nous pourrions, sans doute, tracer ici le tableau dramatique de la dispersion forcée de l'ennemi, de ses munitions qui éclatent, des caissons d'artillerie qui sautent, des chevaux qui s'affolent, et de tous les effets qui résulteront inévitablement de cette pluie de feu dont il peut être couvert et enveloppé, mais les propres réflexions du lecteur suppléeront à ce tableau que tous ceux qui ont assisté aux expériences ne trouveront certainement pas exagéré.

Si nous envisageons maintenant la question au point de vue de la dépense, chaque fusée ne revenant pas à plus de 20 francs pour un litre de liquide, il s'ensuit qu'avec une dépense de 8,000 francs on est assuré de disperser un bataillon ennemi, ce qui ne s'obtient évidemment pas avec les canons et les chassepots.

Qu'avec une dépense de TROIS MILLIONS, pour fusées de tout calibre et de toute portée, Paris peut être débloqué, l'ennemi jeté dans la plus complète déroute, être fait prisonnier ou anéanti.

Il ne faut que le vouloir.

Ajoutons que les bombes et les obus peuvent être chargées de *feu grégeois ;* qu'une batterie de fusées, se composant de chevalets portatifs à dos d'homme, a, sur les batteries ordinaires de notre artillerie, cet avantage considérable de pouvoir être établie dans toutes les positions et sur les points inaccessibles aux chevaux et aux canons.

IV

Deux objections principales se sont dressées contre l'emploi du *feu grégeois.*

Par la première, on prétend qu'un tel engin est ou doit être prohibé par les lois de la guerre.

Nous entendons d'avance la réponse qui est sur les lèvres du lecteur, et nous allons la traduire, car elle est aussi la nôtre.

Des lois de la guerre avec la Prusse qui les a toutes violées? Il n'y en a pas, il ne peut plus y en avoir! Elle a tout employé pour nous vaincre, nous avons le droit incontestable de tout employer pour nous sauver.

Eh quoi ! cette puissance, au lieu du duel courtois d'une guerre où deux armées, à nombre à peu près égal, luttent pour l'honneur de leur pays, aura, de longue main, préparé l'envahissement du nôtre par toute sa population armée et, a l'aide de sa politique infernale, aura provoqué cette déclaration de guerre qu'il lui fallait, à jour fixe, pour mettre toute sa force en face de notre faiblesse et de notre imprévoyance ; elle aura brûlé nos villes sans défense, converti nos places fortes en un amas de ruines et de décombres, détruit nos plus beaux monuments littéraires et d'architecture, ravagé nos campagnes, affamé les populations aprè les avoir réduites à la misère la plus affreuse par ses réquisitions impitoyables; elle aura massacré les vieillards, les femmes et les enfants, fusillé des prisonniers, fait feu sur les blessés et les ambulances, converti en autant d'espions pour nous trahir 200,000 de ses nationaux que nous avions accueillis avec la plus généreuse hospitalité au détriment des nôtres ; elle aura fait usage de tous les projectiles, de tous les engins que la science militaire a découverts, et de ceux-là même que les lois de la guerre ont condamnés, tels que les balles explosibles et ramées ; elle aura arboré le drapeau parlementaire pour nous faire tomber dans des piéges, ou mis la crosse en l'air dans le même but; elle aura tout fait pour que l'enfant ne trouve plus de lait au sein de sa mère et que la misère et la faim livrent à sa merci, dans un délai calculé, toute une population de deux millions d'âmes; elle aura, en un mot, employé toutes les ruses, usé de tous les moyens pour arriver à nous réduire, à nous écraser, et à nous faire subir ensuite toutes les hontes et toutes les humiliations !

Pour combler la mesure, Paris est bombardé depuis six jours sans l'avis prescrit par les lois de la guerre pour mettre à l'abri les femmes, les enfants et les vieillards. Une pluie d'obus inonde, sans intermittence, les quartiers que l'ennemi peut atteindre; les maisons brûlent ou s'effondrent, des femmes et des enfants sont broyés et couvrent leur mari ou leur père des lambeaux de leurs membres dispersés, de leurs chairs palpitantes et de leur sang encore chaud!

Rien ne manquera bientôt plus aux rigueurs du siége de Paris. Après avoir vécu d'un pain noir, qui, avant peu, ne sera plus que du son, et de nos derniers animaux domestiques, la famine hideuse et terrible, malgré tout ce qu'en peuvent dire ceux qui ne veulent entendre ni voir les gémissements et les plaintes des familles désolées du peuple, la famine, qui s'avance à grands pas, se dresse en perspective, et qui sait? peut-être avec elle, les épouvantables scènes du radeau de *la Méduse*, à défaut d'une capitulation que chacun repousse avec énergie. Ce seraient là les œuvres de l'ennemi!!!.... Et nous, par un sentiment chevaleresque ou humanitaire que nous ne qualifions pas, possédant le moyen infaillible de prendre une éclatante revanche, nous préférerions voir consommer notre ruine et tomber sous les mitrailleuses ennemies jusqu'au dernier de nos courageux soldats, plutôt que d'user de ce moyen, de cet ancre de salut?

En vérité, dans quel état d'abaissement intellectuel serait donc tombé le peuple que jusqu'à ce jour on a qualifié de peuple le plus spirituel de l'univers!

Mais non! nous le répétons, il n'y a pas, il ne peut plus y avoir de lois de la guerre avec la Prusse, et nous le disons, non seulement avec l'énergique accent de notre patriotisme irrité, mais encore avec toute l'amertume de notre sentiment paternel quatre fois intéressé dans le drame sanglant qui s'accomplit en ce moment au sein de notre malheureux pays!

Un de nos plus vaillants généraux l'a, d'ailleurs, proclamé avec raison : c'est la rage au cœur que nous devons maintenant attaquer l'ennemi et sans regarder au choix des moyens.

Cependant, nous ne voulons pas laisser sans réponse l'objection des hommes qui n'ont pas, comme nous, la conscience des maux incalculables qui nous sont réservés dans l'avenir comme dans le présent, si nous ne parvenons pas à vaincre l'ennemi, et nous leur dirons :

Le premier emploi qui a été fait des fusils à aiguille contre une puissance comme nous surprise dans sa défense, les bombes à pétrole qui répandent partout leur liquide enflammé, les mitrailleuses qui fauchent les régiments comme le moissonneur fauche les épis, et qui jonchent en un instant le sol de cadavres mutilés, les torpilles qui soulèvent les flots de la mer pour engloutir les flottes et les entrailles de la terre pour anéantir les bataillons, ne sont-ils pas des engins beaucoup plus terribles, des instruments d'extermination plus formidables et plus contraires aux lois ordinaires de la guerre qu'une simple pluie de feu qui, par le fait, ne tue pas et que l'on peut toujours éviter en se dispersant?

Vient la seconde objection, peut-être plus spécieuse que la première, mais qui, selon nous, n'a pas plus de valeur.

On dit : Mais, si vous employez le feu grégeois, n'est-il pas à craindre que l'ennemi, dont la science est pour le moins égale à la nôtre, furieux, exaspéré, n'use, à son tour, des plus terribles représailles?

De quelles représailles entend-on parler?

S'exerceront-elles sur les choses ou sur les personnes?

Sur les choses? Il y a longtemps que si l'ennemi possédait, pour nous réduire, des engins plus efficaces que ceux qu'il a déjà employés, il ne se serait fait aucun scrupule de les mettre en œuvre.

Sur les personnes? disons le mot : sur les prisonniers en les massacrant! Une telle pensée fait frémir et trembler, nous en convenons. Mais, quoi! une boucherie de 300,000 prisonniers parce que l'ennemi serait vaincu! Y réfléchit-on? Elle peut alors avoir lieu dans tous les cas.

Nous n'avons donc rien à craindre sous ce rapport. D'aileurs, nous aussi, nous avons des prisonniers; sans doute leur nombre est insignifiant en comparaison de celui qui est le résultat des infâmes lâchetés de Sédan ou des revers encore inexpliqués de Metz; mais si le *feu grégeois*, combiné avec la valeur de nos soldats, parvient à nous assurer la victoire, n'aurons-nous pas à notre tour une ample moisson de prisonniers à récolter? L'ennemi ne songera-t-il pas plus à se faire pardonner tout le mal qu'il a déjà causé qu'à accumuler sur sa tête de nouvelles malédictions et de nouvelles vengeances? N'aura-t-il pas, en un mot, tout à redouter pour lui-même?

Ainsi donc, le principe incontestable de l'emploi du *feu grégeois* étant admis, les objections les plus sérieuses étant détruites, que nous reste-t-il maintenant à faire, si ce n'est de fabriquer des fusées et d'organiser des compagnies de volontaires pour s'en servir?

Trois jours suffisent pour former un artilleur fuséen. Il en faut dix pour fabriquer cent mille fusées, et nous avons dix bataillons de génie auxiliaire qui, n'ayant pas de fusils, peuvent être armés de chevalets. Donc, dans dix jours, on peut écraser l'ennemi.

Or, depuis trois mois et demi, MM. Décanis et Beaume sont en instance auprès du Gouvernement, qui, sans doute, ne s'est pas prononcé pour la négative, mais qui, malgré l'opinion favorable de la commission de pyrotechnie, n'a pas encore jugé à propos de formuler sa décision.

Le mal s'aggravant chaque jour, les privations et la misère croissant dans une effrayante progression, nous nous sommes rendu, avec M. Décanis, il y a trois semaines, chez M. le ministre des travaux publics, dont les sympathies ont été acquises au *feu grégeois* dès son apparition; nous avons remis entre ses mains une demande d'application renfermant, en même temps, un plan complet d'organisation de compagnies de fuséens, et il pense avec nous que l'objection des lois de la guerre ne subsiste plus.

D'ailleurs, y a-t-il eu quelque congrès européen qui condamne l'emploi du nouveau *feu grégeois*, et aurons-nous la faiblesse ou la simplicité, pour ne pas nous servir d'un autre terme, de nous condamner nous-mêmes à ne pas user du seul moyen de salut que nous avons peut-être entre nos mains pour épargner le sang ou la vie de nos soldats, de nos enfants, de nos frères, de nos parents ou de nos amis, tout en épargnant en même temps celui de nos ennemis? Cela ne se discute même pas !

Le même jour, nous avons remis, chez M. le Président du Gouvernement de la défense nationale, la même demande et le même plan qu'à M. le ministre des travaux publics.

Nous attendons les réponses.

Mais en attendant ces réponses, devons-nous, devions-nous rester inactifs? nous ne l'avons pas pensé. Le temps presse et il importe de ne pas être pris au dépourvu.

Nous nous sommes donc proposé de fabriquer des fusées et d'organiser des compagnies prêtes à marcher au premier appel.

Pour cela, il faut ce qu'on appelle le nerf de la guerre. De là, les souscriptions qui sont ouvertes, les réunions qui sont provoquées, et la brochure même que nous publions.

Les ateliers sont prêts à fonctionner. L'inventeur des *fusées Satan* a renoncé à sa découverte en présence des *fusées Grégeoises*, dont il a reconnu l'incontestable supériorité. Nous avons fait le possible. A l'opinion publique aujourd'hui de répondre si nous avons son assentiment et son appui !

Il ne nous reste plus, en terminant, qu'un simple rapprochement à faire observer.

L'hymne patriotique aux accents duquel le drapeau victorieux de la France a parcouru l'Europe et flotté à Berlin a pour titre *la Marseillaise*.

Il y a trois mois et demi, la veille du jour où Paris allait être complétement investi, deux hommes au cœur enflammé du plus pur patriotisme, deux Marseillais, MM. Décanis et Beaume sont arrivés. Mus par le plus généreux désintéressement, prêts à tous les grands sacrifices, ne demandant pour eux que l'honneur et la gloire de contribuer à nous sauver, à sauver la France, ils nous ont apporté le fruit de leurs veilles et de leurs travaux, se sont enfermés avec nous, ont vécu de notre vie, de nos privations, travaillant sans relâche au succès de leur découverte, dans laquelle ils ont une foi absolue, que nous partageons avec eux.

L'ennemi, au seul bruit de cette découverte, a menacé leur tête, et cette menace n'a fait que redoubler leur zèle et augmenter leur désir de contribuer puissamment au triomphe de notre défense nationale.

Eh bien ! que leur conduite trace la nôtre :

IMITONS-LES !

Que chacun de nous se fasse apôtre du FEU GRÉGEOIS. Qu'une agitation pacifique s'organise, que des hommes d'initiative dressent, dans les bataillons de la garde nationale et dans tous les arrondissements, des listes d'adhésions.

Que des souscriptions soient recueillies et versées au Comité du FEU GRÉGEOIS, rue Vivienne, n° 2, pour la confection immédiate des fusées.

Et bientôt, s'il plaît à Dieu, le Gouvernement, heureux et empressé de satisfaire l'opinion publique, brisant avec les scrupules qui, peut-être, le retiennent, par le FEU GRÉGEOIS combiné avec les opérations de notre vaillante et intrépide armée de toutes catégories,

PARIS, LA FRANCE ET LA RÉPUBLIQUE SERONT SAUVÉS.

DE BRUNET.

NOTA. — Cette conférence était sous presse lorsque les nouvelles favorables de la Province ont été reçues. Ces nouvelles ne changent rien aux idées que nous émettons, et qui sont toutes dominées par la principale : Épargner le sang et la vie de nos soldats.

98   Paris. Typ. Monnis Pèro et Fils, rue Amelot, 64.

www.ingramcontent.com/pod-product-compliance
Lightning Source LLC
Chambersburg PA
CBHW051453060726
47596CB00006B/2754